KB267308

에디토리얼

est. 2018

www.editorialbooks.com

edito⁻ial@editorialbooks.com

instagram@editorial.books

박사 문어, 시간을 거슬러 도착한 말들
지성 공동체의 새로운 에토스를 위하여
윌리엄 제임스 지음 | 이유선 해제 | 김수현 옮김

찰스 샌더스 퍼스, 존 듀이와 함께 미국의 자생적 철학인 프래그머티즘(실용주의)을 창시한 철학자이자 심리학자인 윌리엄 제임스의 「박사 문어」를 번역하고 이해를 돕기 위한 해제를 붙인 책이다. 당시 제임스가 겪은 실제 사건을 통해 제도가 관료적 장치에 의해 규모화될 때 발생하는 폐해를 비판한다. '진리를 위한 진리' 탐구라는 서양 철학의 전통 격률에서 벗어나 삶과 사회 안에서의 실천과 효과를 찾고자 했던 실용주의 철학의 일단을 접할 수 있다. 신실용주의 철학자 리처드 로티의 지도를 받아 박사후과정을 이수한 서울대 학부대학 이유선 교수가 해제를 썼다.

책임의 생성 : 중동태와 당사자 연구
심문과 자책의 언어에서 인책과 책임의 언어로
고쿠분 고이치로, 구마가야 신이치로 지음 | 박영대 옮김
월간책씨앗 추천도서(2025.04); 철학자 고병권 추천

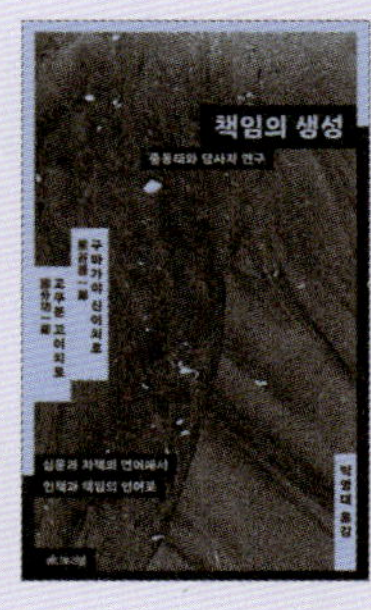

일본 현대철학자 고쿠분 고이치로와 뇌성마비 장애인 의사이자 당사자 연구자인 구마가야 신이치로의 공동연구 성과를 담았다. 고대 그리스어에서 '중동태'가 축출된 후 공고해진 능동/수동의 대립 구도가 역설적으로 책임의 윤리를 쇠락시키고 소수자들을 배제하는 장치였음을 밝힌다. 고쿠분은 중동태의 철학적 함의를 해설하고 정신장애 당사자 연구를 수행해 온 구마가야는 당사자 연구에 긴요한 언어적 자원으로서 중동태의 가치를 승인한다.

참 좋은 책입니다. 철학과 장애인당사자연구가 만났을 때, 놀라운 사유가 생겨나는 장면을 목격할 수 있을 겁니다. 특히 '책임'에 대한 얼마나 신선한 생각이 도출되는지 아주 짜릿합니다. ― 고병권 소셜미디어 추천의 말에서

진화 신화(양장)

김보영 지음

유력 SF 잡지 《클락스월드》에 최초로 번역; 영미권에 최초로 판권을 수출한 한국 SF소설

모든 생물이 급격하게 진화하는 판타지 세계. 삼국사기의 신화적 기록에서 탄생한 변신 이야기. 김보영 작가의 단편 걸작을 단행본으로 독립시켜 아름다운 그림을 곁들인 양장본으로 새롭게 출간했다. "한국적 상상력의 시원을 보여주는 작품."(정보라 SF작가)

신령한 것이 나오시니(양장)

그림책 진화 신화

김보영 글 | 김홍림 그림

SF소설 원작의 국내 첫 그림책

『진화 신화』의 그림책 에디션. 건축학을 전공하고 일러스트레이터로 활동 중인 김홍림 작가가 원작의 상상력을 기하학적 화면 구성, 풍성한 색채, 현대적이고 세련된 화폭으로 옮겼다.

SF가 세계를 읽는 방법

김창규×박상준의 손바닥 SF와 교양

김창규, 박상준 지음

선유도서관 길위의인문학 '아무튼, 일' 선정도서

SF 장르를 이해하고자 하는 독자를 위한 교양서. 비교적 가까운 미래에 일어날 수 있는 구체적인 사건을 통해 현실과 앞날을 한 발짝 떨어져 생각할 기회를 제공한다는 한 가지 조건 아래 쓰인 초단편 SF 40편과 각 소설이 다루는 과학기술, 그것이 사회에 미칠 영향에 대한 해설과 논평을 곁들였다.

슈뢰딩거의 자연철학 강의
자연과 고대 그리스 철학자들, 과학과 인문주의
에르빈 슈뢰딩거 지음 | 김재영, 황승미 옮김

**과학책읽는보통사람들 주목할 만한 과학신간(2024.10)
인디고서원 추천도서(2024.11); 월간책씨앗 추천도서(2025.01)**

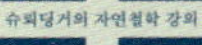

노벨물리학상 수상자 슈뢰딩거의 전설적 명강연을 책으로 만난다. 현대 물리학은 고대 그리스 철학의 직계 후손이다. '원자' 개념은 고대원자론부터 양자역학까지 이어지는 과학적 세계관의 특수성뿐만 아니라 실재와 어긋나는 모순된 관념까지 담고 있다는 흥미진진한 내용이다.

마린 걸스
두 여성 행동생태학자가 들려주는 돌고래 이야기
장수진, 김미연 지음
2023 서울국제도서전 <여름, 첫책> 선정작; 월간책씨앗 추천도서

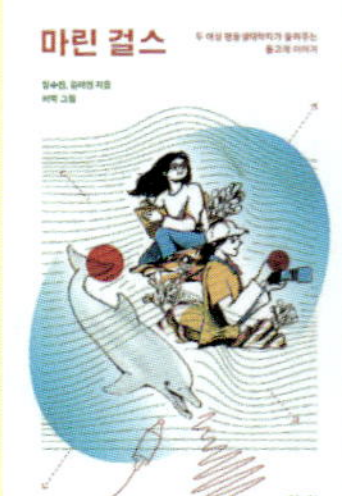

2013년 쇼 돌고래 세 마리의 자연방류 프로젝트에 참여한 후로 남방큰돌고래를 비롯해 우리 바다에 서식하는 동물을 연구하는 한국 제1호 해양동물 행동생태학자 장수진과 김미연의 10년여 연구를 정리한 첫 책. 돌고래 생태에 관한 지식과 해양동물 연구의 현장을 생동감 있게 전달한다.

과학기술의 일상사
맹신과 무관심 사이, 과학기술의 사회생활에 관한 기록
박대인, 정한별 지음
APCTP(아시아태평양이론물리센터) 2019 올해의과학도서; 출판콘텐츠 창작자금지원사업 선정작; 월간책씨앗 추천도서

과학과 사회의 관계를 드러내는 12가지 주제를 엮었다. 한국 사회의 오래된 화두인 기초과학 육성 담론, 정책, 과학기술의 사회·정치·문화적 측면을 보여주는 시민을 위한 교양서.

박사 문어, 시간을 거슬러 도착한 말들

박사 문어,
시간을 거슬러
도착한 말들

윌리엄 제임스 지음

이유선 해제

김수현 옮김

지성 있는 제의 새로운 에토스를 위하여

에디토리오

차례

몇 년 전, 우리 하버드 대학원 철학과에는 학문적 역량이 매우 뛰어난 학생이 있었다. 그 학생은 대학을 떠난 뒤로 3년간 글 쓰는 일(literary labor)을 하며 생계를 꾸리다가 자매 교육 기관에서 영문학을 가르치게 되었다. 이 기관의 이사회는 그에게 임용을 알리자마자, 박사학위가 없는 사람을 교원으로 채용했다는 끔찍한 사실을 알아차렸다. 문제의 교원은 학문 연구에 힘쓰며 달콤함(혹은 쓰라림)을 느끼는 데 만족했고, 겉치레에 불과한 박사학위가 그런 만족감에 합당한 보상이라는 생각을 경멸했다.

그의 채용은 오해로 빚어진 결과라고 볼 수 있다. 그는 적임자가 아니었으므로 그 사실을 그에게 알리는 것 외에는 할 수 있는 일이 없었다. 새로 부임한 기관장이 그에게 통보했다. 그의 채용을 취소할 수밖에 없으며, 그렇게 하지 않으려면 그가 즉시 하버드 대학의 박사학위를 받아야 한다고 말이다.

당시는 이미 봄이었다. 그런데도 우리의 주인공은 기백이 넘치는 사람이라 도전을 받아들여, 다가올 임무를 고려하면 더 시급한 관심사였는데도 문학을 등졌다. 남은 몇 주 동안 형이상학 논문을 쓰며 심리학, 논리학, 철학사를 다시금 갈고닦았다. 우리가 요구하는 엄청난 시련을 통과하기 위해서였다.

우리 위원회가 논문을 심사했을 때, 우리는 그의 논문을 통과시킬 수 없었다. 탁월함과 독창성만으로는 박사학위 논문을 구제할 수 없다. 방대한 학술적 참고문헌을 보여 주는 일에 전력을 다해야 하는데 우리 후보자는 이를 간과하고 말았다. 그래서 우리는 그에게 일시적으로 불합격이라고 알리며, 논문을 제대로 보완하여 내년에 다시 제출하라고 조언했다. 동시에 새 기관장에게는 이 결정이 그의 능력과는 무관하며, 그는 박사학위 이상의 자질을 지녔고 우리가 지금까지 상대해 본 가장 뛰어난 인재 중 하나라고 전했다.

놀랍게도 우리는 답변을 통해 그 사람의 자질 자체는 이 문제와 아무런 관련이 없으며, 오직 마법의 세 글자

(Ph.D.)[1]만이 진정으로 요구된다는 것을 알게 되었다. 대학은 항상 박사학위를 가진 교수진 명단을 자랑해 왔으며, 그 기라성 속에 틈을 내고 '꼬리 없는 평범한 여우'[2]를 받아들이는 것은 일고의 가치도 없는 불명예로 여겼다. 우리는 다시 편지를 보내 철학 박사학위는 문학을 교육할 능력을 조금도 입증할 수 없음을 지적했다. 또한 심사위원들이 각자 편지를 보내 마치 서로 겨루듯 후보자의 여러 능력을, 실제로 탁월했기에, 상찬하기도 했다. 마침내 기적과도 같이 우리의 설득이 통했다. 그는 잠정적으로 임용을 유지할 수 있게 되었는데, 조건은 늦어도 1년 후에는 비참하도록 앙상한 그 이름에 신성한 부속물을 붙여 늘려야 한다는 것이었다. 그 부속물의 부재가 모든 관련자에게 얼마나 많은 문제를 야기했던가.

---

1 라틴어에서 유래한 약어 Ph.D.에는 철학이란 단어가 들어 있지만, 19세기 이후로는 대부분의 대학에서 주는 최고 학위, 즉 박사학위를 의미하게 되었다. 이때 philosophy는 특정 전공으로서 '철학'이 아니라 학문 자체 혹은 그 근간이 되는 지식 전반을 가리킨다.

2 'a common fox without a tail'을 원문 그대로 옮겼다. 인간의 관점에서 여우의 가치는 그 탐스런 꼬리(즉 박사학위)에 있는데 여우에게 꼬리가 없다면 어떻게 되겠는가. 하지만 꼬리가 없다고 해서 여우가 아닌 것은 아니다. 여우의 본성과 자질은 꼬리에 있지 않다.

그리하여 그는 이듬해 봄에 기준에 부합하는 학위 논문(이후 출판되어 형이상학 분야에 탁월하게 기여한 것으로 알려진)을 들고 이곳에 올라와 최고의 시험을 통과하고 오명을 씻어냈으며, 그의 대학을 다시 세상과 올바른 관계로 돌려놓았다. 그 첫해에 그가 가르친 영문학이 다른 전공의 임박한 평가를 거치면서 더 나아졌는가라는 문제를 해결하는 것은 내 소관이 아니다.

이 사건을 이렇게 길게 이야기하는 까닭은 이것이 오늘날 미국 학계의 상황을 매우 잘 보여주기 때문이다. 대학원은 여전히 다소 생소하고, 고등 학위는 드문 편이다. 따라서 후자는 귀중함과 명예라는 막연한 느낌을 동반하며, 특히 '최신'이라는 인상을 준다. 저명한 교수를 초빙할 수 없는 소규모 교육기관들이 상대적으로 젊은 사람들을 영입해 교수진의 무명성을 보완하고자 그들이 나오는 홍보책자 지면에 근사한 칭호를 그 이름들 뒤에 붙이는 것은 당연하다. 목록을 보고 눈이 부신 독자, 학부모나 학생은 이렇게 말하곤 한다. "엄청나게 유명한 분들이 많구나. 칭호가 하나같이 하늘의 별처럼 빛나. 철학 박사(Ph.D.), 과학 박사(S.D.), 문학 박사(Litt.D.) 같은 타이틀이 후추통에서 뿌려진 듯 페이지를 수놓았구나."

인간 본성의 유치한 일면은 모든 실재의 어딘가를 허위로 둔갑시킨다. 총장과 이사들의 마음속에서 박사학위는 사실상 그저 광고 수단, 대중의 눈을 속이는 수단으로 여겨진다. "강사 전원 박사학위자"를 금과옥조로 여기는 작은 기관들은 수요처를 대표한다. 규모가 큰 곳들은 공급을 대표하는데, 화려한 학위 수여증에 담긴 같은 믿음은 상반된 두 열정으로 표출된다. 하나는 될수록 해마다 많은 박사학위 취득자를 배출하려는 열정이고, 다른 하나는 합격 기준을 높여 특정 기관의 박사학위가 다른 곳보다 더 빛나는 영예가 되도록 하려는 열정이다. 그러므로 우리 하버드 대학은 우리가 탈락시킨 지원자의 수효와 지적 능력이 뛰어나지 않은 이들이 우리 대학의 시험을 통과하지 못한다는 점을 자랑스럽게 여긴다.

미국은 이처럼 과학자나 문인이라면 누구나 어떤 종류의 배지나 학위를 달지 않으면 존중받지 못할 것이며, 꾸밀 것을 못 가졌다는 것은 소외계층의 표식과 맞먹는 나라로 급속히 표류하고 있다. 이제 우리 스스로를 깨우쳐 이 명백히 기괴한 시류에 비판적인 시선을 던져야 할 때라고 생각한다. 다른 나라들이 관료주의병(Mandarin disease)으로 끔찍한 고통을 겪고 있다. 우리도 그들처럼 고통받아야만 하는 운명인가.

우리의 고등 학위는 학문, 특히 '독창적인 연구'를 장려하려는 바람직한 목적으로 제정되었다. 진리를 향한 인간의 사랑이 크듯이 부수적인 보상은 그것을 더욱 위대하게 만들 수 있음을 경험이 증명해 왔다. 학위 취득은 숙련된 전문성을 입증하고 장벽을 성공적으로 뛰어넘었다는 표시로서 야심가들에게는 도전장 구실을 한다. 또한 학위가 생계를 유지할 수 있는 직위를 얻는 데도 도움이 된다면, 일에 대한 자극제로서 그 힘은 엄청나게 증대된다. 여기까지는 무해한 영역이다. 한 나라에서 풍부한 연구가 이뤄지는 것은 좋은 일이며, 우리의 대학원들은 보통 심리적인 자극을 줄 뿐이다. 그러나 필요와 동기의 자연스러운 결합을 대규모로 제도화하는 것은 항상 형식주의(technicality)로 치닫고, 배제와 부패를 저지르는 예상치 못한 힘의 전횡을 낳는 경향이 있다. 지난 20년간 하버드 시스템의 운영을 관찰하며 이러한 결함들을 깊이 깨닫게 되었으니, 독자 여러분이 이 그림의 불합리한 측면에 주의를 기울여 주길 당부하며, 허락한다면 몇 가지 개선 방안을 제안하고자 한다.

우선, 배움을 촉진하고 우리 나라의 교양 있는 대중

(*gelehrtes Publikum*)이 늘어나도록 하는 것이 유일한 절대 선이자, 졸업장 수여 권한을 가진 대학원들이 오로지 지향해야 할 직접 목표가 되어야 할 것이다. 다른 결과가 발생했다면 그것은 부수적 현상으로 간주되어야 하며, 바람직하지 않은 현상이라면 신중히 경계해야 한다.

재능의 자유르운 계발을 방해하는 현상, 교직의 자연스런 수요와 공급을 저해하는 현상, 학문적 허영을 조장하는 특권 기관의 위세, 한 인간의 가치를 본질이 아니라 외관의 휘장에서 찾는 현상, 희망을 꺾고 불공정한 감정을 조장하는 현상, 진리에 직면하려는 뜻을 품은 젊은이들의 의지를 시험에 합격하는 데로 돌리는 현상. 이러한 현상들은, 이런 현상들이 존재한다면, 분명히 제도의 결점으로 여겨져야 하며, 계몽된 대중 의식은 제도적 결함의 규모를 축소하는 것의 중요성을 예리하게 인식해야 한다. 지원자들 스스로도 이러한 해악의 일부를 예리하게 인식하는 듯하나, 그 범위를 벗어나거나 일반 대중 사이에서는, 내가 본 바로는, 그러한 인식이 존재하지 않는다. 혹은 존재한다 해도 공공연하게 드러나지 못한다. 학교, 칼리지, 대학교는 현행 제도에 대해 열광하는 듯하며, 그 모든 발전 양상을 만장일치로 환호한다.

나는 독자들이 내가 열거한 부수적 해악들을 염두에 두기를 간청한다. 우선, 박사가 아닌 교수를 임용하지 않는 추세가 확산하는 것은 허세의 실례가 아니면 무엇이겠는가? 과연 박사학위가 그 소지자가 훌륭한 교수가 되리라는 보증이라고 주장하는 사람이 있을까? 어떤 이의 도덕적·사회적·개인적 특성이 교실에서 성공하기에 완전히 부적합할 수 있다는 것이 공공연한데도 박사학위 시험은 그런 특성에 대해 조금도 고려할 수가 없다. 어떤 학위를 갖지 못한 이가 대기 중인 학위 소지자보다 주어진 자리에 더 적합한 지원자일 수 있다. 엄격한 잣대를 들이대어 전자를 배제하고는 마침내 후자에 대해서는 그가 마치 박사학위자가 아니기나 한 것처럼 그를 아는 이들에게 평판 조회를 실시해 걸러내려 든다. 이는 자신의 절차를 우습게 만드는 것이다. 당신은 적어도 박사 지원자만을 고려함으로써 해당 전공의 전문성이 부족한 자를 걸러 낸다고 말할지도 모르겠다. 하지만 그렇다면 한 전공의 박사로 하여금 다른 전공을 가르치도록 하는 건 어떠한가? 이런 일이 일어났다. 바로 이 글에서 내가 소개한 그 사례이며, 우리의 대학들에서 날마다 매시간 벌어지고 있는 일이다. 진실은 이렇다. 교수직에 대한 박사 독점권은 미국에서 뿌리

깊은 관행이 되어 가고 있음에도 그것을 합리적으로 정당화할 근거를 전혀 제시할 수 없다. 실제로 우리 사회에서 이런 경향성이 번지고 유행하는 것은 전적으로 유치한 동기에 기인한다. 실상은 학교와 대학의 홍보책자를 장식하기 위한 위장, 허울, 속임수에 불과하다.

다음으로 학문적 허세를 조장하는 일반적인 행태에 관한 이야기에서 눈을 돌려 이 제도가 개인에게 가하는 구체적인 피해에 대해서 이야기해 보자. 어떤 부류에 속한 많은 사람들은 천부적으로 타고난 재능이 있어 살면서 맞닥뜨리는 시련을 힘들지 않게 헤쳐 나간다. 이런 유형의 사람들은 전문적인 영역에서 성공하도록 태어난 사람들이다. 시험과 평가는 그들에게 두려움의 대상이 아니며, 그들의 정신적 가치 혹은 세속적 가치를 위한 관심사를 추구하는 일에 전혀 방해가 되지 않는다.

이들과는 다른 부류의 사람들도 있다. 천부적으로 타고나지는 않았지만 그럼에도 불구하고 어려움에 맞서며 그로부터 자극을 받아, 비록 정신을 해칠 정도의 심리적 손상을 입고 온전히 내적 동기에 의해 추진되는 삶을 사는 시간은 늦춰지더라도 전체적으로 보면 성공적으로 그리고 이점을 얻으며 박사학위를 취득한다.

이 두 부류가, 본디 학위 제도가 제정된 취지인바, 박사학위 취득자이다. 단언컨대 첫째 유형의 사람에게는 학위가 별 의미가 없다. 왜냐하면 그에게는 개인적 가치가 학위보다 더 빛나기 때문이다. 반면 둘째 유형의 사람들에게는 박사 과정에서 겪는 시련이 박사 과정을 밟지 않았다면 그들에게 원래 부족했을 수도 있는 학문적 에너지와 견실함을 더해 줄 수 있다. 만약 모든 지원자가 이 두 유형에서만 선발된다면 이 제도로 인한 억압은 발생하지 않을 것이다.

그러나 셋째 유형의 사람들이 있는데 이들은 진정으로 그리고 가장 비참한 의미에서 이 제도의 희생자들이다. 이 유형의 성향을 고려해 본다면 학문적 삶은 어느 시점이 지나면 맹독이 될 수 있다. 이들은 뚜렷한 독창성이나 타고난 동력은 없지만 진리와 특히 책과 학문을 사랑하고, 보상과 인정을 갈망하며, 종종 가난하고, 교수직을 얻기 위해 학위를 필요로 하며, 심사위원들의 눈에 약해 보인다. 이들 가운데서 우리는 학문 전쟁의 진정한 희생양(*chair à canon*[3]), 학계 생존 경쟁에 부적합한 자들을 발견한다. 이

---

3 제임스는 프랑스어, 독일어 표현을 섞어 사용하고 있다. 이 프랑스어

런 유형의 사람들에게는 학위를 하나씩 따내는 것이 지상 최고의 목표처럼 보인다. 당신의 사적인 조언도 그들을 단념시키지 못한다. 그들은 실패할 것이고 회복하러 떠날 것이며 그런 후 또 다른 시련에 응할 것이며 때로는 이 과정을 중년까지 연장할 것이다. 혹은 때로 도덕적으로 덜 영웅적인 이라면 실패를 자신이 부적합하다는 운명의 선고로 받아들이고 그 이후로는 기가 꺾여버린다.

대학 교수진인 우리는 의도적으로 이 새로운 계층의 미국 사회 실패자들을 양산하는 데 책임을 지고 있으며, 그 책임은 무겁기 그지없다. 우리는 '학교'를 광고하고 학위 요건을 발표하면서, 온갖 유형의 지원자들이 끌려올 것을 잘 알면서도 동시에 타고난 지적 탁월함이 없는 자는 통과시키지 않으려는 기준을 세운다. 우리는 아무리 터무니없는 시험이라도, 그 시험을 통해 학위나 훈장, 공공의 표식이나 상징을 얻을 수 있다면, 의지가 약하거나 쉽게 흔들리는 사람들이 도전받고 싶어 하며 그것을 얻지 못

관용구를 직역하면 '대포에 맞선 몸뚱이', 곧 '총알받이'를 뜻한다. 프랑스 문학가 샤토브리앙이 나폴레옹 보나파르트의 독재와 전쟁을 맹렬하게 비판하며 사용한 표현이다.

하면 불행해할 것임을 안다. 우리는 이 운명적인 희생자들 눈앞에 우리의 세 마법의 글자를 내걸고, 그들은 전등에 날아드는 나방처럼 우리에게 몰려든다. 그들은 실패를 쉽게 만회할 수 없고 그 상처가 영구적인 시기에 찾아온다. 우리는 고의적으로 말한다. 그들이 하는 것처럼 성실히 수행한 작업만으로는 그들을 구원할 수 없으며, 그들이 갖추지 못한 유일한 것, 즉 지적 탁월성이라는 자질을 추가로 증명해야 한다고. 가끔 순수한 인간적 동정심에서 우리는 높고 위엄 있는 기준을 무시하고 그들을 통과시킨다. 그러나 대개는 기준이 아니라 후보자가 우리의 충실함을 요구한다. 그 결과는 변덕스러움, 심사위원단의 단 한 표 차 승부, 그리고 전반적으로 학위에 대한 우리의 허세가 일관되게 지켜질 수 없다는 고백이다. 따라서 우대받는 경우엔 편파성, 불우한 경우엔 우리 손에 묻은 피, 그리고 양쪽 모두에 양심의 가책이 우리 운영의 결과다.

우리 학위가 소지자의 진가를 증명하는 필수적인 상징이라는 대중적 믿음이 널리 퍼질수록 이러한 부패 현상도 더욱 만연해질 것이다. 우리는 미래를 신중히 내다보아야 한다. 한번 뿌리내린 국가적 관습이 사라지려면 세대에 걸친 시간이 걸리기 때문이다. 모든 유럽 국가들은 국가시험이 가져온 폭압적 성장으로 인해 개인의 자발성에 가해진 제약을 줄이려 애쓰고 있다. 우리 역시 국가시험 제도를 도입해야만 했다. 그리고 언젠가 후손들이 제도와 제도를 견주어 보면서 옛 시절과 미국의 자유를 그리워하며 탄식하지 않는다면, 그들이 그리워하는 옛 지도자들의 통치 체제의 재귀, 순수한 인간 본성, 냉철한 마음에 따뜻한 손, 호와 불호, 그리고 인간 대 인간의 관계가 다시금 가능해지기를 바라지 않는다면 다행일 것이다. 한편, 국가시험이 어떤 변천을 겪게 될지라도, 적어도 우리 대학들은 개인적정신적 자발성의 신중한 수호자로서 스스로를 인식하는 것을 결코 멈춰서는 안 된다. 오늘날 미국에서 그 자발성을 조직적이고 공식적으로 수호하는 곳은 오직 대학뿐이다. 대학들은 관료주의와 허세, 위선이라는 전염병의 확산에 기여하지 않드록 경계해야 한다. 진실과 이해관계에 얽매이지 않는 헌신을 항상 최우선으로 삼고, 학위는 부차적인 것으로 취급하며, 때를 가리지 않고 자신들의 존재 목적이 인간의 영혼을 돕는 것이지, 학위로 인간의 외관을 장식하는 것이 아님을 분명히 해야 한다.

미국 사회에 점점 더 깊게 파고드는 박사학위라는 문어의 족쇄를 억제할 수 있는 세 가지 명백한 방법이 있는 듯하다.

첫 번째 방법은 대학에 달려 있다. 대학들은 (하버드에서 우리가 그토록 자랑스러워하는) 엄청난 기준을 낮추고, 학사 학위를 수여하듯 박사학위를 당연히 수여할 수 있다. 특정 학문 분야에서 인내심 있게 노력한 충분한 시간을 보냈다면, 그 사람이 천재적인 재능을 가졌든 아니든 상관없이 말이다. 타고난 탁월함은 공식적인 인장이 필요하지 않으며, 그런 것을 요구하는 것을 경멸해야 마땅하다. 반면, 아무리 평범한 분야라도 성실한 노력과 한 주제에 헌신한 세월은 언제나 인정받고 보상받을 가치가 있다.

두 번째 방법은 대학과 전문대학 모두에게 달려 있다. 그들이 직위 목록을 이런 박사학위 칭호로 장식하려는 말도 안 되는 야망을 포기하게 하라. 허영과 허세보다는 실질을 더 중시하게 하라.

세 번째 길은 개별 학생과 지도교수에게 달려 있다. 고등 학위를 취득할 수 있는 타고난 능력을 지녔음에도 시험이 자신의 즉각적인 지적 목표를 자유롭게 추구하는 데 방해가 된다는 이유로 이를 거부하는 사람은 국가에 공헌한 자라 할 수 있으며, 제대로 조직된 공동체에서는 그의 독립성을 이유로 고통받게 하지 않을 것이다. 많은 사람에게 이러한 외부의 시험을 통과하는 것은 실로 매우 고통스러운 방해물이다. 어쨌든 궁극적으로 필요한 지도교수의 개인 추천서는 이러한 경우 학위 취득 부족을 완전히 상쇄해야 하며, 교수진은 때에 따라 학생들에게 학위 취득을 권하지 않을 준비가 되어 있어야 한다. 또한 학생들이 직면하게 될 취업 경쟁에서 나중에 개인적으로 그들을 지원하겠다는 약속을 해야 한다.

개인의 개성과 순수한 인간성을 인정하는 것을 오랫동안 일국의 핵심 정신으로 여겨 온 나라에서 이런 직함에 향한 선망—과 그 직함들—이 자라나는 모습을 보는 것은 참으로 기이한 일이다. 대부분의 미국 대학이 기반한 주(州)의 독립성은 유럽 대륙의 국가들이 보이는 더 혐오스러운 형태의 학계 정치로부터 우리를 해방시켜 준다.

프랑스의 정교한 대학 체제처럼 개인을 억압하는 영향력은 이곳에서는 찾아볼 수 없다. 오늘날 독일 전역에 우글거리는 수많은 계급과 등급으로 이루어진 귀족제(*Rathdistinction*[4])의 광경은 미국인의 눈에 거슬린다. 또한

---

4 'Rath'은 'Rat'의 옛 철자로, 독일에서 성실한 신하에게 부여한 명예 칭호이다. 독일제국(1871~1918)을 수립한 프로이센의 지배계급이

영국의 기사 작위 제도 역시 어느 정도 불쾌한데, 이는 귀족 칭호를 모방하면서 자신뿐 아니라 아내까지도 친구 집 하인들을 쉽게 현혹시키기 때문이다. 그러나 우리 미국인들 역시 결국 훨씬 더 천박한 수준에서 비슷한 허영을 갈망하게 될 운명인가? 우리 사회에서도 개인성은 어떤 칭호 부여 제도에 의해 인장되고 허가되고 인증받지 않으면 아무런 가치가 없게 될 것인가? 우리의 오랜 민족적 기질이 충분히 오래 활력을 유지하여, 이처럼 비겁하고 추한 미래로부터 우리를 지켜 주기를 간절히 기원하자!

자신들 위에 군림하는 것을 절망적으로 여긴 부르주아 계층을 달래기 위해 새로운 칭호들을 만들어 냈는데, 제임스는 'Rath-distinction'이라는 독일어식 조어로 비꼬는 듯하다.

"불행한 남자는 정신을 잃었다. 어마어마한 힘으로 옥죄는 다리에서
누가 그를 떼어낼 수 있을까?" — 쥘 베른, 『해저 2만 리』에서
알폰스 드 네빌&에두아르드 리우의 판화.

이자벨 스탱게르스와 윌리엄 제임스의 '공명'

이유선 서울대학교 학부대학 교수

제임스는 왜 「박사 문어」를 썼을까?

찰스 샌더스 퍼스(C. S. Peirce)와 더불어 실용주의 (pragmatism)라는 미국의 철학을 만든 윌리엄 제임스 (William James)는 1903년 3월 하버드 대학의 월간지인 「하버드 먼슬리(Harvard Monthly)」에 매우 독특한 제목의 에세이를 기고했다. 그 에세이의 제목은 「박사 문어(The Ph.D. Octopus)」이다. 이 에세이를 쓰도록 추동한 사건은 제임스가 당시 목도한 한 젊은 학자의 교수 임용 과정이었 다. 제임스는 미국 대학의 교수 임용 과정이 불합리하며 대학이 관료주의와 허영에 빠져들어 본래의 목적을 상실 하게 될 것을 우려했다.

제임스는 한 대학에서 영문학을 가르치도록 되어 있

는 자리에 그 젊은 학자가 임용되었으나 그가 박사학위를 취득하지 못했다는 사실이 뒤늦게 발견되고 임용이 취소된 사례를 언급한다. 그나마 다행하게도 그 젊은이는 박사학위를 취득하면 임용하겠다는 대학 당국의 약속을 받아들여 우여곡절 끝에 철학 박사학위를 취득하고 결국 원래의 대학에 임용된다. 이 과정에서 그의 박사학위 심사를 맡았던 제임스는 대학 당국에 그의 박사학위 취득 여부와 상관없이 그가 문학을 가르치는 데 적임자라는 사실을 호소했으나 대학 당국이 요구한 것은 그의 재능이 아니라 오로지 박사학위였다고 한탄한다. 문제는 그 젊은 학자의 철학 박사학위가 그가 영문학을 가르치는 데 별로 도움이 되지 않았을 것이라는 점이다. 만약 그가 박사학위 취득에 실패했다면 그의 문학적 재능은 사장되었을 것이다.

한 사람이 가진 재능을 사회 안에서 꽃 피게 하고 그것을 유용하게 사용할 수 있게 하는 것은 건강한 공동체가 지녀야 할 당연한 덕목이다. 그런데 그의 재능을 보기보다 그에게 따라붙는 타이틀을 먼저 살피는 것은 내용을 도외시하고 껍데기를 중시하는 것이라 할 수 있다. 제임스는 당시 미국 대학에서 유행처럼 번지는 "박사가 아닌 교수는 채용하지 않는다"는 풍조를 관료적 학벌병이라고 불렀다.

독창적인 학자를 장려하고 자극하기 위한 제도로서의 학위제는 그 자체로 나쁘다고 할 수는 없으나 그것이 대규모로 제도화될 때 그것은 자칫 그릇된 배제와 관료적 부패를 동반한 폭압적인 기계로 전락할 수 있다고 제임스는 보고 있다. 오로지 박사학위라는 타이틀만을 중시할 때 대학은 속물적으로 변모하고 젊은이들은 진리보다는 시험 통과 요령에 집중하게 된다는 것이다. 무엇보다 제임스가 우려한 것은 박사학위 제도가 그 제도에 적응하지 못한 사람들을 낙오자로 만들 위험이 있다는 것이다. 시험에 재능이 있거나 타고난 성실성으로 그 제도에 무난히 적응하고 학위를 취득하는 사람들에게는 크게 문제가 없으나, 공부하기를 좋아하고 책을 사랑하지만 뚜렷한 독창성이 없는 사람이 교직을 위해 박사학위를 취득해야만 하는 경우에 학위 제도는 폭압적인 기계로 작동한다. 그들에게는 학위 통과 자체가 인생의 목표가 되는 경우가 있으며, 실패가 거듭될 경우 사회의 낙오자로 전락한다.

제임스는 이와 같은 낙오자에 대한 책임이 대학에 있으며, 대학에서 가장 중요한 것은 연구자의 개인적, 정신적 자발성이므로, 대학은 관료주의와 속물근성을 배격하고 학위라는 장식물보다는 인간 자체를 보아야 한다고 주장한다. 그리하여 제임스는 '박사 문어'(속물적이고 관료적인 학벌주의에 대한 비유로 볼 수 있다)의 촉수가 뻗어나가는 것을 억제할 세 가지 방법을 제안한다. 그것은, 첫째 지적 탁월성에 대한 평가가 아니라 성실성에 대한 인정으로서 학위를 부여할 것, 둘째, 교수 명단을 박사 칭호로 장식하는 속물성을 배격할 것. 셋째, 학위를 거부하는 유능한 학자에게 불이익을 주지 말 것 등이다.

제임스는 성실한 젊은이들이 관료적이고 허영심이 가득한 제도의 희생양이 되지 않을 때 공동체의 미래가 보장될 것이라고 보았다. 학위는 나름대로 능력이 있는 학자에게 따라붙은 형식적 호칭이지 그의 능력을 증명하지는 않는다. 허영심을 버리고 인간을 보라는 것이 제임스의 '박사 문어'가 주장하고자 하는 요지라고 할 수 있다.

제임스의 근본적 경험주의와 다원우주 그리고 실용주의

'박사 문어'라는 에세이는 관료화된 대학의 현실을 고발하는 시사적인 에세이라는 점에서 제임스의 철학적 관점을 엿볼 수 있는 대목은 거의 없다. 이 에세이에서 제임스의 인간관과 세계관을 이끌어 낼 수 있는 키워드를 찾는다면, 그것은 그가 대학이 장려해야 한다고 언급한 '개인적, 정신적 자발성'이라는 어휘일 것이다. 그는 건강한 공동체에서 그 어떤 개인의 자발성도 억압되거나 배제되어서는 안 된다고 생각하는 듯하다.

이런 관점은 '실용주의'를 명실상부하게 미국의 고유한 철학으로 발전시킨 존 듀이(John Dewey)의 교육관과도 일치한다. 대학이라는 고등 교육기관이 자율적인 진리 탐구의 장이 되어야 한다는 데 대해서는 모든 실용주의자들이 동의할 것이다. 그러나 실용주의자들은 그 타이틀에 걸맞게 그 진리가 공동체와 유리된 진리여서는 안 되며, 특히 인간의 삶과 무관한 진리여서는 안 된다고 생각하는 사람들이다. 그런 점에서 진리라는 어휘는 실용주의자들에게 있어서 '진리를 위한 진리'를 추구했던 형이상학자들과는 좀 다른 의미를 갖는다. 어느 누구도 소외되지 않는 공동체를 만드는 것과 진리 탐구의 문제는 긴밀히 연결되어 있다.

실용주의는 남북전쟁 직후 북부와 남부, 산업과 농업, 과학과 종교 등이 대립을 보이며 극심한 갈등을 보이는 사회적 분위기 속에서 미국 사회의 재건과 통합을 꿈꾼 지식인들의 모임에서 만들어진 미국의 철학이다. 당시는 특히 유럽에서 다윈의 『종의 기원』(1859)이 출간되면서 전통적인 지식인들을 크게 동요시키는 사건이 벌어졌는데, '메타피지컬 클럽'이라는 명칭의 북클럽에 참여한 찰스 샌더스 퍼스, 윌리엄 제임스, 올리버 웬델 홈스 주니어 등은 진화론적 견해를 적극적으로 받아들여 고유한 세계관을 구축했다. 서로의 전공 분야와 관심사는 각기 달랐지만 이들은 절대적인 진리란 존재하지 않으며, 단일하게 서술될 수 있는 객관적이고 고정된 우주는 없다는 점에서 의견의 일치를 보였다.

제임스의 실용주의를 개략적으로 이해하기 위한 몇 가지 키워드를 추려 보자면, '현금가치'로서의 진리, 근본적 경험주의, 다원우주(multiverse) 등을 꼽을 수 있다. 실용주의라는 아이디어를 최초로 제안한 인물은 퍼스였다. 수학과 논리학 등에 정통한 퍼스는 기호실재론이라는 매우 독특한 세계관을 제안했는데, 그에 따르면 우주는 기호로 되어 있고 우리의 사고는 우주에서 일어나고 있는 기호적 사건에 참여하는 것이지 우리의 사고가 기호를 사용하는 것이 아니다. 기호로서의 우주는 고정되어 있지 않고 진화하는 중에 있으며 기호를 통한 우리의 탐구 결과 얻어진 우주에 관한 진리는 그래서 늘 오류가능성에 열려 있다. 퍼스는 탐구의 의미를 저 바깥에 고정된 객관적 우주의 진리를 발견하는 것이 아니라 우리의 의심을 믿음으로 바꾸는 과정으로 재정의했다. 물론 탐구의 결과 도달한 우리의 믿음 역시 잠정적인 것일 수밖에 없다. 이러한 사고를 전개해 나가는 데 있어서 퍼스는 '개념'의 의미를 명확하게 규정할 필요가 있었다. 그래서 제안한 것이 바로 실용주의의 격률(pragmatic maxim)이다. 실용주의의 격률이란 다음과 같다.

> "실제적인 뜻을 지닐 어떤 〔경험적〕 결과를 우리가 우리의 개념화의 대상이 지니리라고 마음에 떠올리는지 고찰하라. 그러면 이러한 결과들에 대한 우리의 개념이 그 대상에 대한 우리 개념의 전체이다."[1]

이 격률은 애초에 의미론의 차원에서 제안된 것인데, 이 격률을 토대로 프래그머티즘을 하나의 철학적 사상으

1　찰스 샌더스 퍼스, 「관념을 명석하게 하는 방법」, 『프래그머티즘의 길잡이』, 김동식·박우석·이유선 옮김, 철학과 현실사, 2001, 83쪽.

로 확산시키고자 했던 제임스는 이것을 진리론의 차원으로 확장했다. 진리란 객관적인 사물에 대응하는 어떤 것이라기보다 그것이 가지고 오는 실제적인 효과의 측면에서 생각해야 한다는 것이다. 제임스는 진리가 가진 '현금가치'는 무엇인지를 묻는다. 그에게 있어서 어떤 지식이 우리의 삶과 무관하고 그 지식을 소유할 경우 어떤 차이가 생기는지 알 수 없는 종류의 지식이라면 그런 지식은 현금가치를 갖지 못한다. 제임스가 말하는 현금가치란 경제적 가치를 뜻하는 것이 아니다. 우리는 살면서 피할 수 없는 다양한 선택지에 직면하는데 어떤 선택은 우리가 쉽게 피해 갈 수 있는 반면 어떤 선택은 그렇지 못한 경우가 있다. 즉, 그 선택지는 살아 있거나 죽은 것, 강요되었거나 회피 가능한 것, 중대하거나 사소한 것일 수 있는데, 살아 있고, 강요된 것이며, 중대한 선택일 경우 제임스는 그것을 '진정한 선택'이라고 불렀다.[2] 진정한 선택이란 우리의 삶에서 반드시 답해야 하는 종류의 선택이며, 탐구란 그 물음에 대한 답을 찾는 과정이라고 할 수 있다. 예컨대 무신론자로 살 것인가 아니면 기독교인으로 살 것인가 하는 종류의 물음은

---

2 윌리엄 제임스, 「믿으려는 의지」, 같은 책, 125쪽

당시 과학과 종교가 첨예하게 대립했던 시대적 배경을 고려할 때 진정한 선택이 필요한 물음이라고 할 수 있다. 진화론의 영향을 받은 제임스는 무신론자의 입장이 올바른 답이라고 주장할 것 같지만 실상은 그렇지 않았다. 그는 진정한 선택에 대해서 어떤 입장을 택하건, 즉 무신론자, 기독교인, 그리고 양자 사이에서 결정을 못 내리는 태도 모두 나름의 위험을 감수하는 하나의 입장을 택한 것이며, 그들이 택한 진리로서의 믿음은 각각 의미를 갖는다고 주장한다. 나름의 신념 체계를 가진 각자는 어떤 입장을 취함으로써 나름의 위험을 감수하고 자신의 삶을 영위할 것이다. 여기서 각자의 진리는 나름의 현금가치를 갖는다.

제임스의 세계관은 소위 '근본적 경험론'이다. 이것은 지각 경험을 인식론의 토대로 삼는 영국 경험론을 답습한 것이 아니라, 오히려 근대 인식론자들이 전제했던 주관과 객관의 이원론, 자연과 경험의 이원론을 거부하면서, 인간 자신이 자연의 일부이므로 인간의 경험을 자연과 분리해서 보아서는 안 된다는 의미를 담고 있는 독특한 견해이다. 인간의 경험과 자연이 뒤섞인 세계가 순수 경험의 세계이며 주관과 객관이 분리되기 이전의 이 세계로부터 인간은 개념을 얻게 되고 세계를 이해하게 된다는 것이다.

인간의 다양한 경험이 참여하고 있는 우주는 하나의 고정된 모습을 갖는 것이 아니라 여러 모습으로 나타난다. 제임스는 실재는 여러 형식으로 나타날 수 있으며, 그 각각의 형식 속에서 한 사물은 직접적이거나 본질적인 연관을 갖지 않는 다른 사물과 연결될 수 있기 때문에 매 순간 필연적으로 현실화되지 않는 다수의 가능한 연결들 속에 있는 것이라고 주장한다. 사물들은 어느 현실적인 매개의 경로에 그것이 기능적으로 들어갈 수 있는지에 의존한다. 이러한 다원우주는 그럼에도 상호침투하여 얽혀 있다는 점에서 하나의 우주를 이룬다고 주장한다.[3] 우리는 하나의 우주에 대해 공통된 하나의 견해를 가질 수 없다. 우리가 경험하는 방식에 따라 드러나는 다양한 우주의 모습에 대해 말할 수 있을 뿐이다.

　우리 각자는 각자의 삶의 목적에 따라 다양한 우주 속에서 살아간다고 할 수 있다. 어떤 사람이 과학자이건 혹은 인문학자이건 간에 그가 삶의 문제를 진지하게 생각하고 진정한 선택의 문제에서 심사숙고하는 삶을 산다면 그에게 가장 중요한 태도는 아마도 자신의 삶을 더 낫게 만

3　윌리엄 제임스, 「다원적 우주」, 같은 책, 204쪽

드는 지식과 지혜를 탐구하고자 하는 자발성일 것이다. '박사 문어'는 그와 같은 자발성이 관료화된 시스템에서 어떻게 배제되거나 무시되는지 보여준다. 오늘날의 학자들은 박사 문어의 촉수에 걸려들지 않았다고 할 수 있을까?

스탱게르스는 왜 제임스를 소환하고 있는가

이자벨 스탱게르스는 『다른 과학은 가능하다, '느린 과학' 선언』[4]에서 '느린 과학'이 필요하다고 역설하고 있다. 이 책에서 전개되는 스탱게르스의 문제의식은 그다지 새로운 것이 아니다. 과학기술의 발전이 인류 전체를 위협할 수도 있다는 생각은 인류가 핵무기를 개발하고 사용한 이후 다양한 논쟁을 낳으며 지속되었다. 과학은 가치중립적인가, 과학자의 윤리적 정치적 책임은 어디까지인가, 과학기술의 발전을 인류가 통제할 수 있는가, 인류는 과연 할 수 있는 것을 하지 않을 수 있는가, 하는 등의 물음은 고전적인

4　이자벨 스탱게르스, 『다른 과학은 가능하다, '느린 과학' 선언』, 김연화·장하원 옮김, 에디토리얼, 2025

논쟁거리가 되어 왔다.

　그러나 스탱게르스는, 과학자들이 누려 온 '사실의 권위'가 자신들을 배반하는 복잡한 현실을 인식하고 '감식가'로서의 대중지성과 새로운 관계를 맺어야 한다는 구체적인 제안을 하고 있다는 점에서 기존의 논의 선상에서 한 걸음 더 나아갔다고 볼 수 있다. 그런데 이러한 최신의 대안을 제시하는 과학철학자가 최근의 분석철학이나 포스트모던한 프랑스 철학자들보다 100년도 훨씬 더 된 미국의 실용주의 철학자를 소환하고 있다는 점은 흥미롭다.

　과학성의 구획 기준을 둘러싼 논리실증주의자들과 포퍼의 논쟁, 과학적 실재에 관한 인식론적 문제를 둘러싼 포퍼와 쿤의 논쟁 등을 거치면서 과학철학은 과학적 탐구 대상으로서의 자연 혹은 우주라는 개념에 대한 실재론 대 반실재론, 객관주의 대 상대주의의 양 축을 중심으로 논의를 전개시켜 왔다면, 과학기술이 가진 이데올로기적 성격에 대한 논의 등은 사회철학의 영역으로 밀려났다.

　스탱게르스는 이 책에서 과학자 공동체의 에토스에 주목함으로써 위의 문제들을 종합적으로 고찰한다. 그가 보기에 오늘날 과학자들은 자신들을 공동체 외부의 사람들과 확연히 구별하려는 태도를 가지고 있다. 과학자들은 과학자가 아닌 사람들이 제기하는 과학적 문제를 비과학적이라거나 이데올로기적이라는 이유로 무시한다는 것이다. 과학적 탐구의 방식은 본래 지성적인 태도의 모델로서 역할을 해 왔다. 문제에 직면해서 신이나 관습, 권위 등에 의존하기보다 가설을 세우고 실험과 관찰을 통해 가설을 검증하는 과정을 거쳐 결론을 도출하는 것이야말로 모든 학문이 따라야 할 지성적인 방식으로 간주되었다.

그러나 스탱게르스가 보기에 오늘날 과학자들이 보이는 배타적인 태도는 역설적으로 가장 반지성적인 태도가 되었다. 대중들이 오늘날 과학기술의 발전 방향에 대해 우려를 표시하는 것 자체가 과학적으로 대답되어야 할 하나의 문제상황이다. 이 문제에 대한 과학자들의 대응 방식이 그것을 문제로 인정하지 않거나 무시하는 것이라면 지성적인 태도를 갖추었다고 보기 힘들다. 스탱게르스는 과학이 그 공동체 바깥의 사람들의 말에 귀기울임으로써 대중 지성을 갖추어야 할 시기라고 주장한다.

과학자로 하여금 과학자가 아닌 사람의 말을 들으려 하지 않게 하는 요인은, 과학자 자신은 객관적인 '사실'을 다루는 반면, 다른 사람들은 데이터나 증거에 기반하지 않은 단순한 '의견'을 주장하고 있다는 믿음이다. 이런 믿음은 과학철학 논쟁에서 한 축을 차지한 실재론에 편드는 태도라고 할 수 있다. 자신들만이 객관적인 진리에 접근하고 있다고 믿는 공동체가 있다면 그 공동체의 구성원들은 당연히 공동체 외부의 소리를 무시할 것이다. 스탱게르스는 이런 과학자를 '몽유병자'라고 부르며 이 몽유병자들을 깨우기 위해서 필요한 것은 타자의 '의견'에 귀기울이고 그것이 의미 있는 문제 제기임을 인정하는 것이라고 지적한다.

더 심각한 문제는 폐쇄적인 과학자 공동체가 오로지 객관적인 사실만을 다루는 자율적인 공동체인 척하지만 실상은 전혀 자율적이지 않다는 데 있다. 스탱게르스는 오늘날 과학자들이 한정된 연구 지원의 환경 속에서 기업들의 관심사에 종속될 수밖에 없으며, 그 공동체 안에서 '탁월한' 연구자로 인정받기 위해서 필요한 덕목은 순응, 기회주의, 유연성 등이라고 지적한다. 순위가 매겨진 학술지에 논문을 싣고 인정을 받기 위해서 과학자는 더더욱 기업들의 경제적 목표에 순응해야 하고 자율성은 허울뿐인 것으로 남는다. 스탱게르스는 이 모든 과정은 결국 '빠른 과학'으로 귀결되며, 빠른 과학이 발전해 나갈수록 그것이 가져올 재난에 대해 성찰할 여지는 사라진다고 진단한다.

스탱게르스가 주장하는 것은 '빠른 과학'을 느리게 만

들자는 것이다. 그가 생각하는 '느린 과학'은 과학의 다원성을 고려하고 연구 결과에 따른 실용적인 평가가 가능한 과학이다. 이런 과학이 가능하려면 일차적으로 실재론, 통합 과학, 객관주의 등과 결합되어 있는 과학자들의 소위 '과학적 세계관'의 개념을 수정할 필요가 있다. 이런 작업을 위해 그는 토머스 쿤과 루드비크 플렉의 관점을 비교하면서 '빠른 과학'의 과학자들이 기반으로 삼고 있는 '사실'의 개념을 재정의하고자 한다. 그가 보기에 쿤의 패러다임 이론은 그 모호한 서술 때문에 실재론의 문제를 피해 가고 있는 것처럼 보이지만 확실히 과학자 공동체가 공동체 바깥의 목소리에 대해 배타적인 태도를 취하는 것을 정당화할 여지를 안고 있다. 그에 반해 플렉은 '사실'이 단일한 해석을 정당화하는 힘을 가질 수 없다는 점을 명확히 브여 주었다. 스탱게르스는 우리가 '사실'이 의미하는 바가 무엇인지 더 이상 알지 못하는 미래에 직면해 있다고 주장한다.[5] 바로 이런 사실 때문에 느린 과학이 필요하다는 것이다.

스탱게르스는 몽유병에 걸린 채 내달리고 있는 빠른 과학자들을 느린 과학의 영역으로 끌어들여야 한다고 생

---

5 같은 책, 153쪽.

각하며 그런 작업을 과학자들을 문명화하는 일이라고 일컫는다. 여기서 문명화란 "특정 집단의 구성원들이 다른 집단의 구성원에게 모욕적이지 않은 방식으로, 즉 관계 형성을 가능하게 하는 방식으로 자신을 표현하는 능력을 갖추는 것"[6]이다. 문명화란 달리 말해 서로 다른 관심사와 세계관을 가진 사람들이 상대방을 존중하면서 민주적인 대화에 참여할 수 있는 능력으로 볼 수 있다. 그런 대화에서는 무엇이 중요한지를 특정한 공동체가 정하는 것이 아니라 오로지 대화의 결과로서만 그에 대해 말할 수 있을 것이다. 스탱게르스는 플렉이 자연과학을 "민주적 실재를 형성하고 그것에 의해 연출되는 기예"라고 말한 것을 "민주적 사고 방식에 참여하고 그것으로부터 배우는 능력"으로 대체함으로써 자신이 '문명화된 과학'으로 무엇을 의미하고 있는지 설명한다. 결국 '느린 과학'이 가능하려면 빠른 과학 속에서 다른 '의견'들을 무시한 채 경쟁하고 있는 과학자들을 지성의 영역으로 끌어들여 다양한 공동체 구성원과 대화할 수 있는 여지를 만들어 내야 한다.

스탱게르스가 제임스를 소환하는 지점은 바로 이 대

---

6 같은 책, 158쪽.

목이다. 스탱게르스는 오늘날 빠른 과학이 재난에 대응할 능력을 상실했으며, 자율성마저도 잃어버린 채, 심하게 말하면 반지성화, 반문명화의 길을 가고 있다고 본다. 이것은 비단 과학자들만의 문제가 아니며 사실상 인류 공동체의 미래가 걸린 문제이다. 빠른 과학은 기업의 경제적인 이익과 결탁함으로로써 그 외의 다양한 가치들로부터 단절되었고, 이 세상의 복잡한 문제로부터 스스로를 단절시켰다. 과학 혹은 과학기술의 발전이 이와 같은 형태로 지속되어도 좋은가 하는 문제는 제임스가 말하는 '진정한 선택'의 문제라고 스탱게르스는 주장한다. 그 물음은 살아 있고, 강요된 것이며, 중대한 것이라는 점에서 우리가 어떤 선택을 하든 우리는 위험을 감수해야 하며 그 선택에 따른 답을 찾아나가야 할 것이다. 제임스의 다원우주의 관점에서 보자면 과학과 인류의 미래에 대한 이와 같은 선택은 문제의 해결책을 찾기 위한 또 하나의 시작이지 최종적인 결론이 아니다. 사람들은 나름의 선택을 할 것이며 각자의 위험을 안은 채 서로 대화에 나서야 한다. 거기서 다양한 우주의 모습이 제시될 것이고 우리는 그 안에서 실용적인 판단을 내려야 할 것이다.

여기서 스탱게르스가 제임스를 소환하고 있는 이유

가 명확히 드러난다. 스탱게르스는 오늘날의 '빠른 과학'을 해체하는 것도, 그렇다고 자본의 논리에 따라 과학 연구가 지속되는 것도 모두 바람직하지 않다고 생각한다. 전자는 비생산적인 과학전쟁을 불러일으켰고, 후자는 과학자들을 몽유병자로 만들었다. 스탱게르스가 '느린 과학'을 제안하는 것은 적극적으로 대안적인 과학의 모델을 제안하는 것이 아니다. 느린 과학의 요체는 과학을 민주화하는 데 있다. 어떤 특권적인 집단도 문제의 중요성을 선점해서는 안 되며, 서로가 존중하면서 대화에 나서는 가운데 당면한 문제의 해결책을 모색하는 것이 민주적 과정의 핵심이다. 이것은 모든 대안을 옳다고 하는 상대주의에 편들거나, 대화가 합리적인 규범에 따라 이루어지면 우리가 결국은 하나의 진리에 도달할 수 있게 되리라는 하버마스식의 합리주의에 편드는 것이 아니다.

제임스의 실용주의적 태도는 그 중간에 있다. 제임스가 다원우주와 가치의 다양성을 말할 때 생각한 것은 모든 가치가 정당하다고 주장하거나, 반대로 탐구의 결과 궁극적인 진리에 도달할 수 있다고 주장한 것이 아니다. 우리의 지식이 현금가치를 가져야 한다는 말은 그 지식이 우리의 삶에 좋은 것, 유용한 것이어야 한다는 뜻이다. 파멸이

예정된 불합리한 신념은 배제되어야 하고 탐구의 결과 도달한 지식은 맥락 의존적인 잠정적 유용성을 갖는 것이어야 한다. 느린 과학은 공동체 구성원들의 관계 맞기의 방식을 새롭게 할 것을 제안하는 것이며, 새롭게 맞어진 관계 속에서 각각은 고유한 수단과 방식을 만들어 내고 유용한 대안을 찾아야 한다. 제임스의 다원우주는 각자가 고유한 가치를 찾아나가는 우주라는 점에서 이러한 방식에 적합해 보인다.

스탱게르스의 최종 제안은 과학자의 특수성을 인정하면서, 그들이 문명화된 방식으로 공동체 구성원과 대화에 나서야 한다는 것이다. 그는 이것을 코스모폴리틱스라고 부르면서, 여기서는 모두가 열린 태도로 동등한 발언권을 가지며 오로지 공동 사유의 과정을 통해 형성된 관계 속에서 얻어진 결과만을 고려하게 된다고 말한다. 오로지 민주적 대화를 통해서만 대안을 구할 수 있다는 이런 아이디어는 신실용주의자인 리처드 로티(Richard Rorty)가 생각하는 민주적 리버럴리스트의 모토이다. 로티는 이런 생각을 모든 것을 민주주의에 결부지어 생각한 존 듀이로부터 가져왔고, 듀이는 그보다 앞선 제임스의 다원우주와 근본적 경험론의 영향을 받았다고 할 수 있다. 요컨대 인간보다 더 큰 어떤 권위, 즉 실재, 진리, 신 등등에 의존해서 인간의 문제를 풀려고 하기보다 지성적인 탐구와 공동체 구성원 간의 평등한 대화의 과정을 통해서만 답을 찾으려 했던 것이 실용주의자들의 공통적인 태도였다고 할 수 있다.

과학, 진리 그리고 대화

하이데거는 현대 과학기술의 본질을 '닦달(Gestell)'이라고 말한 바 있다. 탁월성을 인정받고자 하는 빠른 과학의 과학자들이 몽유병에 걸린 채 질주하는 데에는 이유가 있다. 그들은 닦달당하고 있는 것이다. 탁월한 과학자가 되기 위해서 그들은 쓸데없는 비전문가의 의견에 대해서는 철저히 귀를 닫고 과학자 공동체가 중요하다고 인정한 문제에 대해 매진해야 한다. 그러나 닦달당하는 것은 과학자뿐만이 아니다.

　　인류의 역사상 오늘날처럼 모든 사람이 과학기술의 발전 속도에 놀라워하며 새로운 환경에 순응하지 못하고 낙오할까 봐 노심초사했던 시기가 있을까? 기업가들은 끊임없이 혁신을 외치며 진보의 물결에 올라타라고 선동한다. 인터넷이 좋은 것인지 나쁜 것인지 충분히 숙고할 새도 없이 인류는 인터넷 없는 세상에서 사는 것은 상상할 수 없게 되었고, 각자가 스마트폰을 갖는 것이 더 좋은 일인지 생각해 보기도 전에 스마트폰은 생존의 수단이 되었다. AI가 만들어 내는 마법 같은 결과물에 놀라고 있는 사이에 AI를 적절히 사용하지 못하는 사람은 낙오자가 된다는 협박성 경고를 받고 있다. 더 오래 사는 것이 진정으로 좋은 것인지 숙고하기 전에 생명 연장을 위한 과학적 연구는 활발히 진행되고 있다.

'닦달'의 특징은 닦달당하는 사람에게 생각하거나 주저할 기회를 주지 않으며 외부에서 강제된 힘에 의해 타의적으로 내몰린다는 것이다. 모두가 달려 나가는 마당에 잠시 멈춰 서서 생각하는 것은 뒤처지는 것을 의미한다. 그러나 그들은 무엇을 향해, 무엇 때문에 달리고 있는 것일까? 어느덧 우유부단한 태도로 주저하는 것은 무능력의 표지가 되었다. 그러나 이렇게 모두가 달려 나가는 상황에서도 우리의 등 뒤를 서늘하게 만드는 무엇인가가 있음을 느낀다. 그것은 이 방향으로 질주하는 것이 과연 옳은 것인가? 지금의 이 상황을 통제하는 어떤 지성이 존재하는가? 우리가 다다르고자 하는 곳에 '좋은 삶'이 있는가? 하는 등의 물음에서 오는 회의적인 불안감이다.

AI가 발달할수록 에너지 문제는 심각해진다. 해마다 심각해지는 기후 재난의 상황을 경험하면서도 막대한 에너지를 사용할 수밖에 없는 과학기술의 발전 방향을 바꿀 수 있다고 생각하는 사람은 별로 없다. 글로벌 기업을 지휘하는 슈퍼리치들이 이런 발전을 주도하고 CES(Consumer Electronics Show)의 신상품들에 대중들이 열광하는 동안 경제적 양극화는 심해지고 있다. 가장 심각한 문제는 인류가 나아가고 있는 방향이 옳은지 그른지를 판단하고 우리를 구원해 줄 철학자 왕(philosopher King)을 더 이상 기대할 수 있는 시대가 아니라는 점이다.

리오타르(Jean-François Lyotard)가 거대담론의 종언을 거론하며 포스트모더니즘의 시대를 알렸을 때 염두에 두었던 것은 구원적 진리의 역할을 했던 종교를 대신해서 등장한 과학 역시 우리를 구원할 영원불변의 진리를 제시하지 못한다는 것이었다. 역사 법칙에 따라서 우리가 진보해 나가고 있다는 믿음뿐 아니라 자연과학적 탐구를 통해 우리가 하나의 우주라는 어떤 실재에 접근해 가고 있는지도 불확실해졌다. 이런 상황에서 스탱게르스가 윌리엄 제임스를 떠올린 것은 매우 자연스러운 일이었다고 생각한다.

왜냐하면 실용주의는 바로 그 지점, 우리를 구원할 저 바깥의 진리, 이컨대 신, 실재, 역사 법칙, 이데아 등등이 더 이상 존재하지 않는다고 여겨지는 지점에서 출발하기 때문이다. 실용주의자들은 물음의 방식을 바꾸었다. 우리가 탐구해서 얻은 결론이 신의 뜻에 부합하는지, 실재에 대응하는지, 역사 법칙에 맞는지, 이데아를 반영하는지 등을 묻는 것이 아니라 그것이 과연 우리에게 좋은지 묻는 것이다. 스탱게르스가 제임스의 진정한 선택이라는 개념을 끌어들여 오늘날 과학자들에게 촉구하는 것은 바로 지금 하고 있는 연구가 과연 우리에게 좋은 것인가를 물어보자는 것이다. 여기서 '우리'란 맥락에 따라 지구 생명 전체로 확장될 수도 있을 것이다.

신실용주의 철학을 제창한 리처드 로티는 아무에게서도 더 이상 구원적 진리를 기대할 수 없게 된 지성사적 변화를 철학적 문화와 문학적 문화의 대비로 설명한 바 있다.[7] 철학적 문화의 체계적 철학자들은 자신들이 거대한

---

7 Richard Rorty, *Philosophy and the Mirror of Nature*, Princeton University Press, 1979. p. 366. 한국어판, 『철학과 자연의 거울』, 석기용 옮김, 필로소픽, 2026.

영원불변의 진리를 탐구하며 그런 진리를 토대로 우리가 어디로 가야 할 지 말할 수 있다고 믿었다. 반면 문학적 문화의 교화적 철학자들은 생각이 다른 사람들이 공통의 근거를 찾을 수 있으리라는 생각을 배제한 채 무제약적인 비통상 담론을 허용하는 방식으로 타자와 대화에 나서고자 한다. 해석학적 대화의 과정에서 교화적 철학자는 궁극적인 진리에 도달하기를 바라는 것이 아니라 대화가 끊기지 않고 지속되는 가운데 작은 진리들이 드러나며 이해의 지평이 넓어지기를 바랄 뿐이다. 철학적 문화의 체계적 철학자들이 대문자 진리(Truth)를 추구했다면, 문학적 문화의 교화적 철학자는 소문자 진리(truth)에 만족하며 진리를 소유하기보다 타자와 대화하는 가운데 사물이 어떻게 새롭게 서술될 수 있는지에 주목한다.

최근에 급속하게 발전하고 있는 AI가 인간 지성의 영역에 깊숙이 침투함으로써 지식인의 위상이 크게 변했다는 사실은 아이러니컬하다. 닦달당해 온 빠른 과학자들의 성과가 대중보다 높은 지적인 위치에 있다고 여겨져 온 지식인들의 위상을 끌어내린 셈이기 때문이다. 지식을 더 이상 지식인이 아닌 AI가 담당하게 된 상황에서 학문과 교육은 전과 같을 수 없다. 교수의 강의를 AI를 통해 검증하는 학생들에게 지식을 전달하는 식의 교육은 무의미해졌다. 어떤 지식인도 일반인이 모르는 어떤 진리를 더 잘 안다고 말하기 힘들어졌다. 그렇다면 이것은 학문과 교육의 종말을 뜻하는 것일까?

물론 그렇지는 않다. 여기서 우리는 제임스가 「박사 문어」에서 언급한 연구자의 개인적, 정신적 자발성의 문제로 되돌아갈 필요가 있다. 학문과 교육에서 중요한 것은 지식이 아니라 바로 그러한 자발성이다. 자크 랑시에르의 『무지한 스승』[8]은 19세기의 천재 문학가인 조제프 자코토의 프랑스어 수업에 대해 묘사하는데, 그에 의하면 네덜란드어를 전혀 몰랐던 자코토는 프랑스어를 전혀 모르는 네덜란드 학생들에게 성공적으로 프랑스어와 프랑스 문학을 가르쳤다. 이 두지한 스승은 어떻게 학생들을 가르쳤을까? 그 비결은 학생들에게 권위적으로 설명하지 않고 학생들의 지성을 해방시켰다는 데 있다고 랑시에르는 주장한다.[9] 랑시에르가 여기서 말하는 지성의 해방이란 제임스의 자발성과 같은 것으로 볼 수 있다. 그리고 이것은 존 듀

---

8 자크 랑시에르, 『무지한 스승』, 양창렬 옮김, 궁리, 2008.
9 같은 책, 20쪽.

이가 말하는 교육에서의 흥미와 관심이 갖는 중요성의 문제와 연결된다. 듀이에 따르면 학생 자신의 관심과 흥미에서 출발하지 않는 어떤 학습도 교육적이지 않다. 듀이에게 교육이란 성장을 목표로 하는 것이며 성장은 경험의 재구성을 뜻한다. 자신의 흥미에서 출발하지 않는 한 의미 있는 경험은 일어나지 않으며 따라서 지성은 작동하지 않는다.[10] 또한 듀이는 자연과학과 역사학, 문학, 경제학, 정치학 등의 다양한 학문을 교배시키려고 노력하지 않고 분리해서 교육할 때 학생들은 학습에 비현실성을 느끼고 흥미를 잃게 된다고 말한다.[11] 이 말을 확장적으로 해석하자면 우리가 어떤 분야를 연구하든 그 연구가 갖는 전체적인 맥락을 고려하지 않게 되면 그 연구가 우리의 삶과 유리된다는 것으로 볼 수 있다.

닦달당하는 과학자의 비극은 여기에 있다. 그의 연구는 오로지 과학자 공동체 안에서만 이루어지기 때문에 그는 그것이 우리의 삶에서 어느 정도의 중요성을 갖는지 성

---

10 존 듀이, 『민주주의와 교육/철학의 개조』, 김성숙·이귀학 옮김, 동서문화사, 2008, 148쪽 참조.

11 같은 책, 306쪽.

찰할 기회를 갖지 못한다. 그 결과 그는 연구 자체에 흥미를 잃은 채 공동체 내부의 인정과 경제적 보상을 위해 달려가게 된다. 로티식으로 말하자면 그는 공약가능한 통상 담론에만 매몰되어 있는 셈이다. 연구에 대한 흥미를 되살리고 자발성을 되찾기 위해 그에게 필요한 것은 다양한 비통상담론들이다. 그리고 이것은 비단 자연과학자들에게만 해당되는 이야기가 아니다.

학문의 목적은 무엇인가? 실용주의자들은 학문은 '진리를 위한 진리'에 대한 탐구가 아니라 인간의 삶을 더 낫게 만들기 위한 도구로서의 지식을 얻기 위한 것이라고 대답한다. 그렇다면 오늘날 과학은 인간의 삶을 더 낫게 만들고 있는가? 이 물음에 대해서는 쉽게 답할 수 없다. 두 측면이 모두 있기 때문이다. 과학기술의 발달이 가져올 재난에 대비하기 위해 실용주의자들이 취할 수 있는 대안은 관용적인 태도를 가진 구성원들 간의 '대화'이다. 그리고 이것은 민주주의라는 정치적 실천의 문제와 연결된다. 우리는 인간보다 더 위대한 어떤 힘에 의한 구원을 기대할 수 없는 시대를 살고 있다. 다양한 관심과 흥미를 가진 구성원들의 대화 속에서만 모두의 삶을 더 낫게 만들 대안을 찾을 수 있다. 우리가 속한 역사와 세계의 바깥에서 전체를 볼 수 있는 관점은 존재하지 않는다. 그러나 유한한 이해의 지평 위에서 사유하는 우리는 우리가 전체의 어떤 맥락에 위치해 있는지 끊임없이 물어야 하고 그 안에서 공공성을 이끌어 내야 할 것이다. 과학기술의 발달을 기후 위기, 경제적 양극화, 사회적 차별, 난민, 전쟁, 혐오 등등의 사회적, 경제적, 정치적, 문화적 지평 위에서 바라볼 때 우리는 어떤 지식이 우리의 삶에 유용한 것인지 답을 찾을 수 있을 것이다.

참고문헌

윌리엄 제임스, 「다원적 우주」, 『프래그머티즘의 길잡이』, 김동식·박우석·이유선 옮김, 철학과 현실사, 2001.

윌리엄 제임스, 「믿으려는 의지」, 『프래그머티즘의 길잡이』, 김동식·박우석·이유선 옮김, 철학과 현실사, 2001.

찰스 샌더스 퍼스, 「관념을 명석하게 하는 방법」, 『프래그머티즘의 길잡이』, 김동식·박우석·이유선 옮김, 철학과 현실사, 2001.

이자벨 스탱게르스, 『다른 과학은 가능하다, '느린 과학' 선언』, 김연화·장하원 옮김, 에디토리얼, 2025

자크 랑시에르, 『무지한 스승』, 양창렬 옮김, 궁리, 2008.

존 듀이, 『민주주의와 교육/철학의 개조』, 김성숙·이귀학 옮김, 동서문화사, 2008.

Richard Rorty, *Philosophy and the Mirror of Nature*, Princeton University Press, 1979.

William James, "The Ph.D. Octopus", *Harvard Monthly*, 1903.

The Ph.D. Octopus

William James

Harvard Monthly of March 1903

Some years ago, we had at our Harvard Graduate School a very brilliant student of Philosophy, who, after leaving us and supporting himself by literary labor for three years, received an appointment to teach English Literature at a sister-institution of learning. The governors of this institution, however, had no sooner communicated the appointment than they made the awful discovery that they had enrolled upon their staff a person who was unprovided with the Ph.D. degree. The man in question had been satisfied to work at Philosophy for her own sweet (or bitter) sake, and had disdained to consider that an academic bauble should be his reward.

His appointment had thus been made under a

misunderstanding. He was not the proper man; and there was nothing to do but inform him of the fact. It was notified to him by his new President that his appointment must be revoked, or that a Harvard doctor's degree must forthwith be procured.

Although it was already the spring of the year, our Subject, being a man of spirit, took up the challenge, turned his back upon literature (which in view of his approaching duties might have seemed his more urgent concern) and spent the weeks that were left him in writing a metaphysical thesis and grinding his psychology, logic, and history of philosophy up again, so as to pass our formidable ordeals.

When the thesis came to be read by our committee, we could not pass it. Brilliancy and originality by themselves won't save a thesis for the doctorate; it must also exhibit a heavy technical apparatus of learning; and this our candidate had neglected to bring to bear. So, telling him that he was temporarily rejected, we advised him to pad out the thesis properly, and return with it next year, at the same time informing his new President that this signified nothing as to his merits, that he was of ultra-Ph.D. quality, and one of the strongest men with whom we had ever had to deal.

To our surprise we were given to understand in reply that the quality per se of the man signified nothing in this connection, and that the three magical letters were the thing seriously required. The College had always gloried in a list of faculty members who bore the doctor's title, and to make a gap in the galaxy, and admit a common fox without a tail, would be a degradation impossible to be thought of. We wrote again, pointing out that a Ph.D. in philosophy would prove little anyhow as to one's ability to teach literature; we sent separate letters in which we outdid each other in eulogy of our candidate's powers, for indeed they were great; and at last, *mirabile dictu*, our eloquence prevailed. He was allowed to retain his appointment provisionally, on condition that one year later at the farthest his miserably naked name should be prolonged by the sacred appendage the lack of which had given so much trouble to all concerned.

Accordingly he came up here the following spring with an adequate thesis (known since in print as a most brilliant contribution to metaphysics), passed a first-rate examination, wiped out the stain, and brought his College into proper relations with the world again. Whether his teaching, during that first year, of English Literature was made any the better by the impending examination in a different subject, is a question which I will not try to solve.

I have related this incident at such length because it is so characteristic of American academic conditions at the present day. Graduate schools still are something of a novelty, and higher diplomas something of a rarity. The latter, therefore, carry a vague sense of preciousness and honor, and have a particularly "up-to-date" appearance, and it is no wonder if smaller institutions, unable to attract professors already eminent, and forced usually to recruit their faculties from the relatively young, should hope to compensate for the obscurity of the names of their officers of instruction by the abundance of decorative titles by which those names are followed on the pages of the catalogues where they appear. The dazzled reader of the list, the parent or student, says to himself, "This must be a terribly distinguished crowd, - their titles shine like the stars in the firmament; Ph.D.'s, S.D.'s, and Litt.D.'s bespangle the page as if they were sprinkled over it from a pepper caster."

Human nature is once for all so childish that every reality becomes a sham somewhere, and in the minds of Presidents and Trustees the Ph.D. degree is in point of fact already looked upon as a mere advertising resource, a manner of throwing dust in the Public's eyes. "No instructor who is not a Doctor" has become a maxim in the smaller institutions which represent demand; and in each of the larger ones which represent supply, the same belief in decorated scholarship expresses itself in two antagonistic passions, one for multiplying as much as possible the annual output of doctors, the other for raising the standard of difficulty in passing, so that the Ph.D. of the special institution shall carry a higher blaze of distinction than it does elsewhere. Thus, we at Harvard are proud of the number of candidates whom we reject, and of the inability of men who are not *distingues* in intellect to pass our tests.

America is thus a nation rapidly drifting towards a state of things in which no man of science or letters will be accounted respectable unless some kind of badge or diploma is stamped upon him, and in which bare personality will be a mark of outcast estate. It seems to me high time to rouse ourselves to consciousness, and to cast a critical eye upon this decidedly grotesque tendency. Other nations suffer terribly from the Mandarin disease. Are we doomed to suffer like the rest?

Our higher degrees were instituted for the laudable purpose of stimulating scholarship, especially in the form of "original research." Experience has proved that great as the love of truth may be among men, it can be made still greater by adventitious rewards. The winning of a diploma certifying mastery and marking a barrier successfully passed, acts as a challenge to the ambitious; and if the diploma will help to gain bread-winning positions also, its power as a stimulus to work is tremendously increased. So far, we are on innocent ground; it is well for a country to have research in abundance, and our graduate schools do but apply a normal psychological spur. But the institutionizing on a large scale of any natural combination of need and motive always tends to run into technicality and to develop a tyrannical Machine with unforeseen powers of exclusion and corruption. Observation of the workings of our Harvard system for twenty years past has brought some of these drawbacks home to my consciousness, and I should like to call the attention of my readers to this disadvantageous aspect of the picture, and to make a couple of remedial suggestions, if I may.

In the first place, it would seem that to stimulate study, and to increase the *gelehrtes Publikum*, the class of highly educated men in our country, is the only positive good, and consequently the sole direct end at which our graduate schools, with their diploma-giving powers, should aim. If other results have developed they should be deemed secondary incidents, and if not desirable in themselves, they should be carefully guarded against.

To interfere with the free development of talent, to obstruct the natural play of supply and demand in the teaching profession, to foster academic snobbery by the prestige of certain privileged institutions, to transfer accredited value from essential manhood to an outward badge, to blight hopes and promote invidious sentiments, to divert the attention of aspiring youth from direct dealings with truth to the passing of examinations,—such consequences, if they exist, ought surely to be regarded as drawbacks to the system, and an enlightened public consciousness ought to be keenly alive to the importance of reducing their amount. Candidates themselves do seem to be keenly conscious of some of these evils, but outside of their ranks or in the general public no such consciousness, so far as I can see, exists; or if it does exist, it fails to express itself aloud. Schools, Colleges, and Universities, appear enthusiastic over the entire system, just as it stands, and unanimously applaud all its developments.

I beg the reader to consider some of the secondary evils which I have enumerated. First of all, is not our growing tendency to appoint no instructors who are not also doctors an instance of pure sham? Will any one pretend for a moment that the doctor's degree is a guarantee that its possessor will be successful as a teacher? Notoriously his moral, social, and personal characteristics may utterly disqualify him for success in the classroom; and of these characteristics his doctor's examination is unable to take any account whatever. Certain bare human beings will always be better candidates for a given place than all the doctor-applicants on hand; and to exclude the former by a rigid rule, and in the end to have to sift the latter by private inquiry into their personal peculiarities among those who know them, just as if they were not doctors at all, is to stultify one's own procedure. You may say that at least you guard against ignorance of the subject by considering only the candidates who are doctors; but how then about making doctors in one subject teach a different subject? This happened in the instance by which I introduced this article, and it happens daily and hourly in all our colleges. The truth is that the Doctor-Monopoly in teaching, which is becoming so rooted an American custom, can show no serious grounds whatsoever for itself in reason. As it actually prevails and grows in vogue among us, it is due to childish motives exclusively. In reality it is but a sham, a bauble, a dodge, whereby to decorate the catalogues of schools and colleges.

Next, let us turn from the general promotion of a spirit of academic snobbery to the particular damage done to individuals by the system. There are plenty of individuals so well endowed by nature that they pass with ease all the ordeals with which life confronts them. Such persons are born for professional success. Examinations have no terrors for them, and interfere in no way with their spiritual or worldly interests. There are others, not so gifted, who nevertheless rise to the challenge, get a stimulus from the difficulty, and become doctors, not without some baleful nervous wear and tear and retardation of their purely inner life, but on the whole successfully, and with advantage. These two classes form the natural Ph.D.'s for whom the degree is legitimately instituted. To be sure, the degree is of no consequence one way or the other for the first sort of man, for in him the personal worth obviously outshines the title. To the second set of persons, however, the doctor ordeal may contribute a touch of energy and solidity of scholarship which otherwise they might have lacked, and were our all candidates drawn from these classes, no oppression would result from the institution.

But there is a third class of persons who are genuinely, and in the most pathetic sense, the institution's victims. For this type of character the academic life may become, after a certain point, a virulent poison. Men without marked originality or native force, but fond of truth and especially of books and study, ambitious of reward and recognition, poor often, and needing a degree to get a teaching position, weak in the eyes of their examiners—among these we find the veritable chair a canon of the wars of learning, the unfit in the academic struggle for existence. There are individuals of this sort for whom to pass one degree after another seems the limit of earthly aspiration. Your private advice does not discourage them. They will fail, and go away to recuperate, and then present themselves for another ordeal, and sometimes prolong the process into middle life. Or else, if they are less heroic morally, they will accept the failure as a sentence of doom that they are not fit, and are broken-spirited men thereafter.

We of the university faculties are responsible for deliberately creating this new class of American social failures, and heavy is the responsibility. We advertise our "schools" and send out our degree-requirements, knowing well that aspirants of all sorts will be attracted, and at the same time we set a standard which intends to pass no man who has not native intellectual distinction. We know that there is no test, however absurd, by which, if a title or decoration, a public badge or mark, were to be won by it, some weakly suggestible or hauntable persons would not feel challenged, and remain unhappy if they went without it. We dangle our three magic letters before the eyes of these predestined victims, and they swarm to us like moths to an electric light. They come at a time when failure can no longer be repaired easily and when the wounds it leaves are permanent; and we say deliberately that mere work faithfully performed, as they perform it, will not by itself save them, they must in addition put in evidence the one thing they have not got. namely this quality of intellectual distinction. Occasionally, out of sheer human pity, we ignore our high and mighty standard and pass them. Usually, however, the standard, and not the candidate, commands our fidelity. The result is caprice, majorities of one on the jury, and on the whole a confession that our pretensions about the degree cannot be lived up to consistently. Thus, partiality in the favored cases; in the unfavored, blood on our hands; and in both a bad conscience, —are the results of our administration.

The more widespread becomes the popular belief that our diplomas are indispensable hallmarks to show the sterling metal of their holders, the more widespread these corruptions will become. We ought to look to the future carefully, for it takes generations for a national custom, once rooted, to be grown away from. All the European countries are seeking to diminish the check upon individual spontaneity which state examinations with their tyrannous growth have brought in their train. We have had to institute state examinations too; and it will perhaps be fortunate if some day hereafter our descendants, comparing machine with machine, do not sigh with regret for old times and American freedom, and wish that the regime of the dear old bosses might be re-installed, with plain human nature, the glad hand and the marble heart, liking and disliking, and man-to-man relations grown possible again. Meanwhile, whatever evolution our state-examinations are destined to undergo, our universities at least should never cease to regard themselves as the jealous custodians of personal and spiritual spontaneity. They are indeed its only organized and recognized custodians in America today. They ought to guard against contributing to the increase of officialism and snobbery and insincerity as against a pestilence; they ought to keep truth and disinterested labor always in the foreground, treat degrees as secondary incidents, and in season and out of season make it plain that what they live for is to help men's souls, and not to decorate their persons with diplomas. There seem to be three obvious ways in which the increasing hold of the Ph.D. Octopus upon American life can be kept in check.

The first way lies with the universities. They can lower their fantastic standards (which here at Harvard we are so proud of) and give the doctorate as a matter of course, just as they give the bachelor's degree, for a due amount of time spent in patient labor in a special department of learning, whether the man be a brilliantly gifted individual or not. Surely native distinction needs no official stamp, and should disdain to ask for one. On the other hand, faithful labor, however commonplace, and years devoted to a subject, always deserve to be acknowledged and requited.

The second way lies with both the universities and the colleges. Let them give up their unspeakably silly ambition to bespangle their lists of offices with these doctorial titles. Let them look more to substance and less to vanity and sham.

The third way lies with the individual student and with his personal advisers in the faculties. Every man of native power, who might take the higher degree, and refuses to do so because examinations interfere with the free following out of his more immediate intellectual aims, deserves well of his country, and in a rightly organized community, would not be made to suffer for his independence. With many men the passing of these extraneous tests is a very grievous interference indeed. Private letters of recommendation from their instructors, which in any event are ultimately needful, ought, in these cases, completely to offset the lack of the bread-winning degree; and instructors ought to be ready to advise students against it upon occasion, and to pledge themselves to back them later personally, in the market-struggle which they have to face.

It is indeed odd to see this love of titles—and such titles—growing up in a country of which the recognition of individuality and bare manhood have so long been supposed to be the very soul. The independence of the State, in which most of our colleges stand, relieves us of those more odious forms of academic politics which continental European countries present.

Anything like the elaborate university machine of France, with its throttling influences upon individuals is unknown here. The spectacle of the Rathdistinction in its innumerable spheres and grades, with which all Germany is crawling today, is displeasing to American eyes; and displeasing also in some respects is the institution of knighthood in England, which, aping as it does an aristocratic title, enables one's wife as well as one's self so easily to dazzle the servants at the house of one's friends. But are we Americans ourselves destined after all to hunger after similar vanities on an infinitely more contemptible scale? And is individuality with us also going to count for nothing unless stamped and licensed and authenticated by some title-giving machine? Let us pray that our ancient national genius may long preserve vitality enough to guard us from a future so unmanly and so unbeautiful!

박사 문어, 시간을 거슬러 도착한 말들
지성 공동체의 새로운 에토스를 위하여

지은이 · 윌리엄 제임스
해제 · 이유선
옮긴이 · 김수현

펴낸날 · 2026년 2월 23일 초판 1쇄
펴낸곳 · 에디토리얼
펴낸이 · 최지영
신고 · 제2025-000029호(2018년 2월 7일)
주소 · 경기도 남양주시 덕송3로 27, 6-1903
전화 · 02-996-9430
팩스 · 0303-3447-9430
투고/문의 · editorial@editorialbooks.com
홈페이지 · editorialbooks.com
인스타그램 · @editorial.books

ISBN 979-11-90254-46-5 03100

파본은 구입처에서 교환할 수 있습니다.
도서정가는 뒤표지에 적혀 있습니다.